TABLE OF CONTENTS

1. Colours — 3
2. Shapes — 6
3. Numbers 0-10 — 8
4. Numbers 11-100 — 10
5. Large Numbers — 12
6. Seasons — 13
7. Months — 14
8. Days of the Week — 15
9. Telling the Time — 16
10. Weather — 20
11. Nature — 22
11. Solar System — 24
12. The Body — 25
14. Feelings — 28
15. Relatives — 30
16. Animals — 34
17. Insects — 37
18. Ocean Life — 38
19. Vehicles — 40
20. Sea & Air Transport — 43
21. Fruit — 44
22. Vegetables — 46
23. Food — 48
24. Clothes — 50
25. Pinyin Tones — 51
26. QR codes — 52

This vocabulary book is written in simplified Chinese with Pinyin pronunciation. It is a pictorial introduction to Chinese for young children and new learners. Please note that there is geographical variation in some terms, particularly the naming of relatives, fruits and vegetables.

All rights reserved. No part of this publication may be reproduced, stored in a retrieval system, or transmitted in any form or by any means, electronic, mechanical, photocopying, recording, or otherwise, without the permission of the copyright owner.

Copyright © Farina Leong 2023

ISBN: 9781739759667

huī sè 灰色 grey

hēi sè 黑色 black

bái sè 白色 white

cǎi sè 彩色 multi-coloured

shēn 深 dark

qiǎn 浅 light

àn dàn 暗淡 dull

xiān yàn 鲜艳 bright

jīn sè 金色 gold

yín sè 银色 silver

gǔ tóng sè 古铜色 bronze

xíng zhuàng
形状　　　SHAPES

yuán xíng
圆形
circle

sān jiǎo xíng
三角形
triangle

zhèng fāng xíng
正方形
square

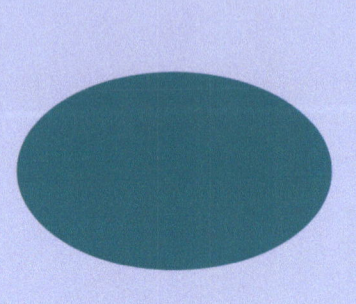

tuǒ yuán xíng
椭圆形
oval

líng xíng
菱形
diamond /rhombus

cháng fāng xíng
长方形
rectangle

xīn xíng
心形
heart

xīng xíng
星形
star

tī xíng
梯形
trapezoid

wǔ biān xíng
五边形
pentagon

liù biān xíng
六边形
hexagon

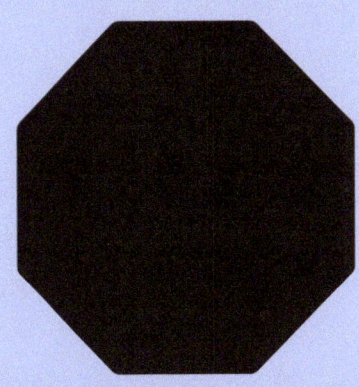
bā biān xíng
八边形
octagon

shù zì
数字

NUMBERS 0-10

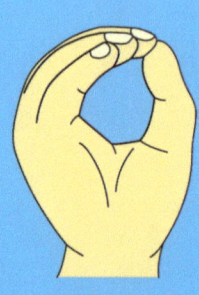

líng
零
0

yī
一
1

èr
二
2

liù
六
6

qī
七
7

bā
八
8

sān
三
3

sì
四
4

wǔ
五
5

jiǔ
九
9

shí
十
10

shù zì
数字   NUMBERS 11-100

十一	十二	十三	十四	十五	十六	十七	十八	十九	二十
11	**12**	**13**	**14**	**15**	**16**	**17**	**18**	**19**	**20**
shí yī	shí èr	shí sān	shí sì	shí wǔ	shí liù	shí qī	shí bā	shí jiǔ	èr shí

二十一	二十二	二十三	二十四	二十五	二十六	二十七	二十八	二十九	三十
21	**22**	**23**	**24**	**25**	**26**	**27**	**28**	**29**	**30**
èrshí yī	èrshí èr	èrshí sān	èrshí sì	èrshí wǔ	èrshí liù	èrshí qī	èrshí bā	èrshí jiǔ	sān shí

三十一	三十二	三十三	三十四	三十五	三十六	三十七	三十八	三十九	四十
31	**32**	**33**	**34**	**35**	**36**	**37**	**38**	**39**	**40**
sānshí yī	sānshí èr	sānshí sān	sānshí sì	sānshí wǔ	sānshí liù	sānshí qī	sānshí bā	sānshí jiǔ	sì shí

四十一	四十二	四十三	四十四	四十五	四十六	四十七	四十八	四十九	五十
41	**42**	**43**	**44**	**45**	**46**	**47**	**48**	**49**	**50**
sìshí yī	sìshí èr	sìshí sān	sìshí sì	sìshí wǔ	sìshí liù	sìshí qī	sìshí bā	sìshí jiǔ	wǔ shí

五十一	五十二	五十三	五十四	五十五	五十六	五十七	五十八	五十九	六十
51	52	53	54	55	56	57	58	59	60
wǔshí yī	wǔshí èr	wǔshí sān	wǔshí sì	wǔshí wǔ	wǔshí liù	wǔshí qī	wǔshí bā	wǔshí jiǔ	liù shí

六十一	六十二	六十三	六十四	六十五	六十六	六十七	六十八	六十九	七十
61	62	63	64	65	66	67	68	69	70
liùshí yī	liùshí èr	liùshí sān	liùshí sì	liùshí wǔ	liùshí liù	liùshí qī	liùshí bā	liùshí jiǔ	qī shí

七十一	七十二	七十三	七十四	七十五	七十六	七十七	七十八	七十九	八十
71	72	73	74	75	76	77	78	79	80
qīshí yī	qīshí èr	qīshí sān	qīshí sì	qīshí wǔ	qīshí liù	qīshí qī	qīshí bā	qīshí jiǔ	bā shí

八十一	八十二	八十三	八十四	八十五	八十六	八十七	八十八	八十九	九十
81	82	83	84	85	86	87	88	89	90
bāshí yī	bāshí èr	bāshí sān	bāshí sì	bāshí wǔ	bāshí liù	bāshí qī	bāshí bā	bāshí jiǔ	jiǔ shí

九十一	九十二	九十三	九十四	九十五	九十六	九十七	九十八	九十九	一百
91	92	93	94	95	96	97	98	99	100
jiǔshí yī	jiǔshí èr	jiǔshí sān	jiǔshí sì	jiǔshí wǔ	jiǔshí liù	jiǔshí qī	jiǔshí bā	jiǔshí jiǔ	yī bǎi

dà shù zì
大数字 LARGE NUMBERS

一千	yī qiān	1,000 one thousand
一万	yī wàn	10,000 ten thousand
十万	shí wàn	100,000 one hundred thousand
一百万	yī bǎi wàn	1,000,000 one million
一千万	yī qiān wàn	10,000,000 ten million
一亿	yī yì	100,000,000 one hundred million

jì jié 季节   SEASONS

chūn tiān
春天
spring

xià tiān
夏天
summer

qiū tiān
秋天
autumn

dōng tiān
冬天
winter

yuè fèn
月份 MONTHS

yī yuè 一月 January	**qī yuè** 七月 July
èr yuè 二月 February	**bā yuè** 八月 August
sān yuè 三月 March	**jiǔ yuè** 九月 September
sì yuè 四月 April	**shí yuè** 十月 October
wǔ yuè 五月 May	**shí yī yuè** 十一月 November
liù yuè 六月 June	**shí èr yuè** 十二月 December

xīng qī 星期 DAYS OF THE WEEK

xīng qī yī 星期一	Monday
xīng qī èr 星期二	Tuesday
xīng qī sān 星期三	Wednesday
xīng qī sì 星期四	Thursday
xīng qī wǔ 星期五	Friday
xīng qī liù 星期六	Saturday
xīng qī rì 星期日	Sunday

bào shí
报时 TELLING THE TIME

yī diǎn
一点
1 o'clock

liǎng diǎn
两点
2 o'clock

sān diǎn
三点
3 o'clock

qī diǎn
七点
7 o'clock

bā diǎn
八点
8 o'clock

jiǔ diǎn
九点
9 o'clock

N.B. You can add 锺 (zhōng), which means 'clock' or 'o'clock' to the end of the time e.g. 一点锺.

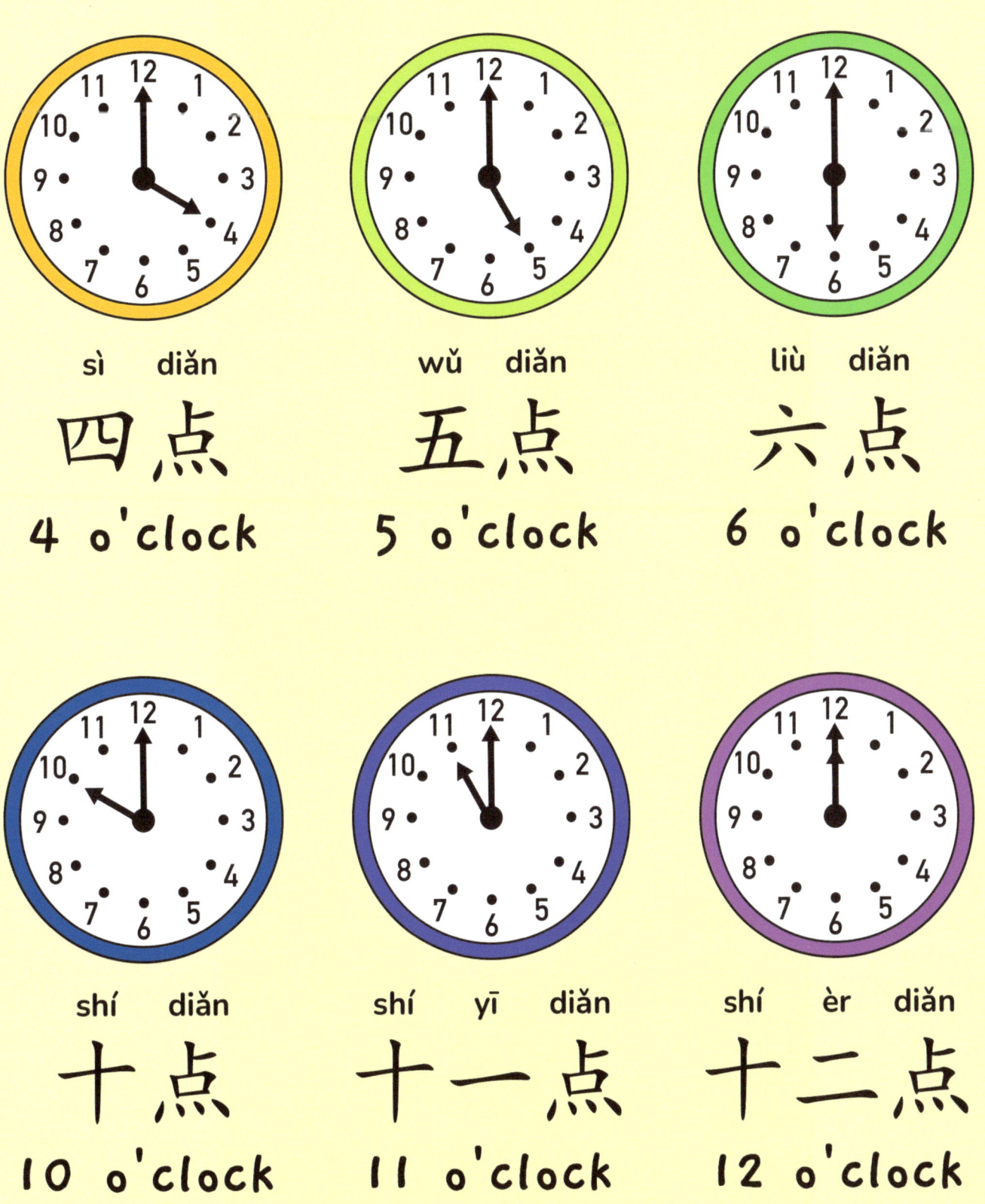

sì diǎn
四点
4 o'clock

wǔ diǎn
五点
5 o'clock

liù diǎn
六点
6 o'clock

shí diǎn
十点
10 o'clock

shí yī diǎn
十一点
11 o'clock

shí èr diǎn
十二点
12 o'clock

yī diǎn líng wǔ fēn
一点零五分
1.05

yī diǎn shí fēn
一点十分
1.10

yī diǎn shí wǔ fēn
一点十五分
1.15

yī diǎn yī kè
一点一刻

yī diǎn sān shí wǔ fēn
一点三十五分
1.35

yī diǎn sì shí fēn
一点四十分
1.40

yī diǎn sì shí wǔ fēn
一点四十五分
1.45

yī diǎn sān kè
一点三刻

yī diǎn èr shí fēn
一点二十分
1.20

yī diǎn èr shí wǔ fēn
一点二十五分
1.25

yī diǎn sān shí fēn
一点三十分
1.30

yī diǎn bàn
一点半

yī diǎn wǔ shí fēn
一点五十分
1.50

yī diǎn wǔ shí wǔ fēn
一点五十五分
1.55

tiān qì 天气 WEATHER

tài yang
太阳
sun

yún
云
cloud

yǔ
雨
rain

cǎi hóng
彩虹
rainbow

fēng
风
wind

xuě
雪
snow

xíng léi
行雷
thunder

shǎn diàn
闪电
lightning

bào fēng yǔ
暴风雨
storm

lóng juǎn fēng
龙卷风
tornado

wù
雾
fog

bīng báo
冰雹
hailstones

dà zì rán
大自然 NATURE

温度 wēn dù temperature

rè
热
hot

nuǎn
暖
warm

liáng
凉
cool

dòng
冻
cold

tiān
天
sky

shù
树 tree

căo
草
grass

huā
花
flower

kōng qì 空气 air

tài yang 太阳 sun

pù bù 瀑布 waterfall

yún 云 cloud

shān 山 mountain

shuǐ 水 water

hé 河 river

chí táng 池塘 pond

23

tài kōng rén
太空人
Astronaut

shuǐ xīng
水星
Mercury

tài yang
太阳
Sun

huǒ jiàn
火箭
Rocket

jīn xīng
金星
Venus

yuè qiú
月球
Moon

dì qiú
地球
Earth

mù xīng
木星
Jupiter

huǒ xīng
火星
Mars

tǔ xīng
土星
Saturn

hǎi wáng xīng
海王星
Neptune

tiān wáng xīng
天王星
Uranus

xiǎo xíng xīng
小行星
Asteroids

míng wáng xīng
冥王星
Pluto

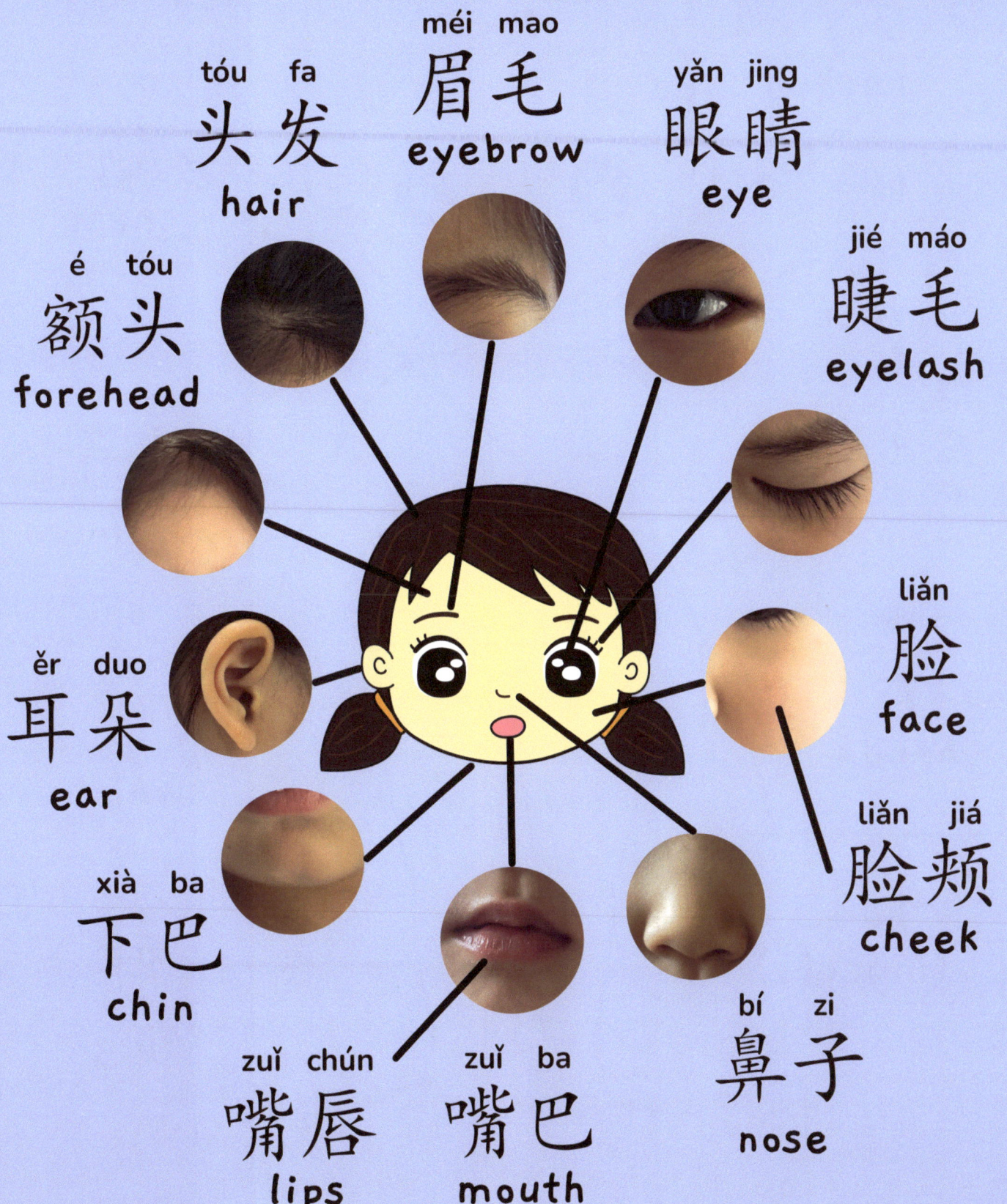

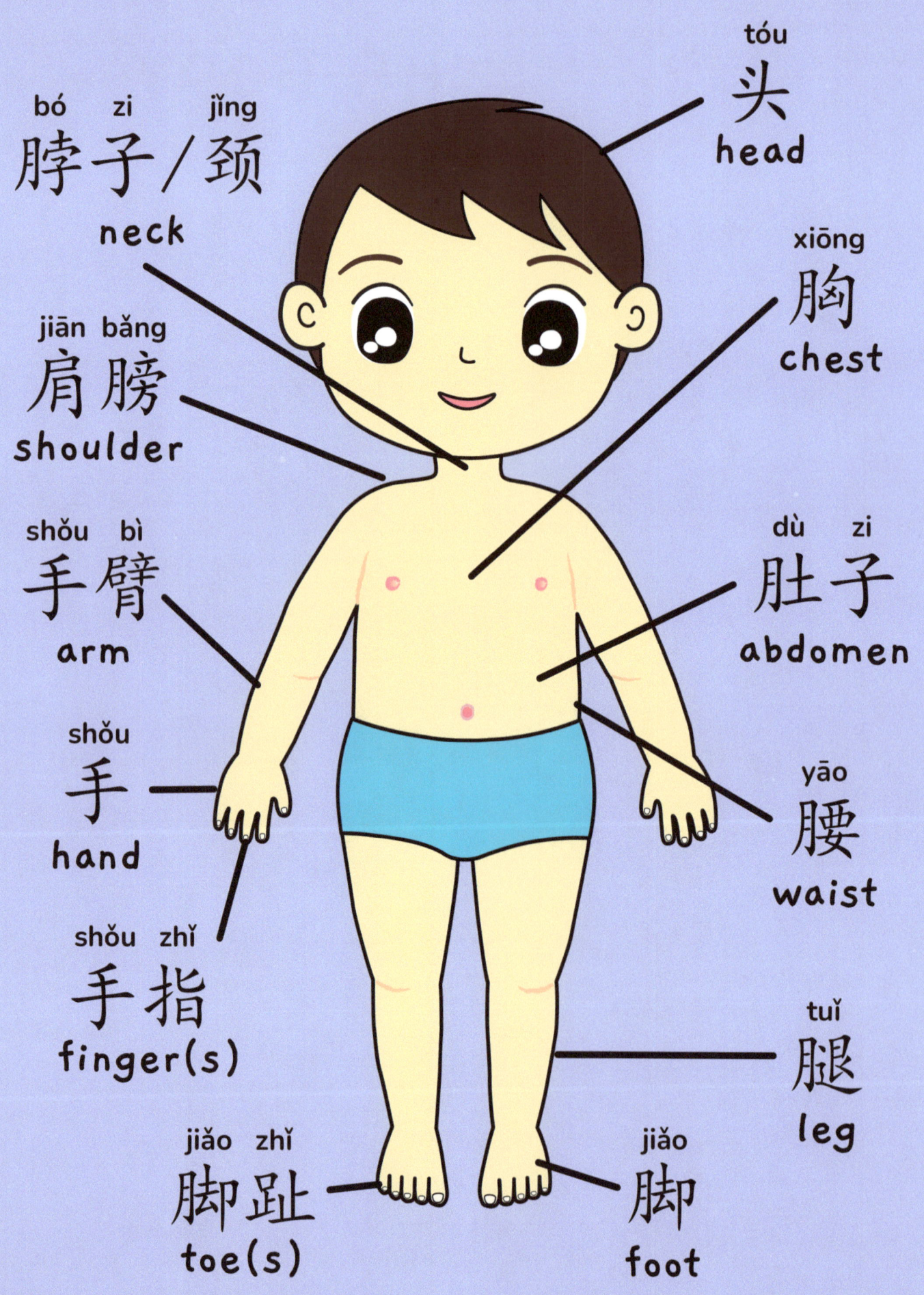

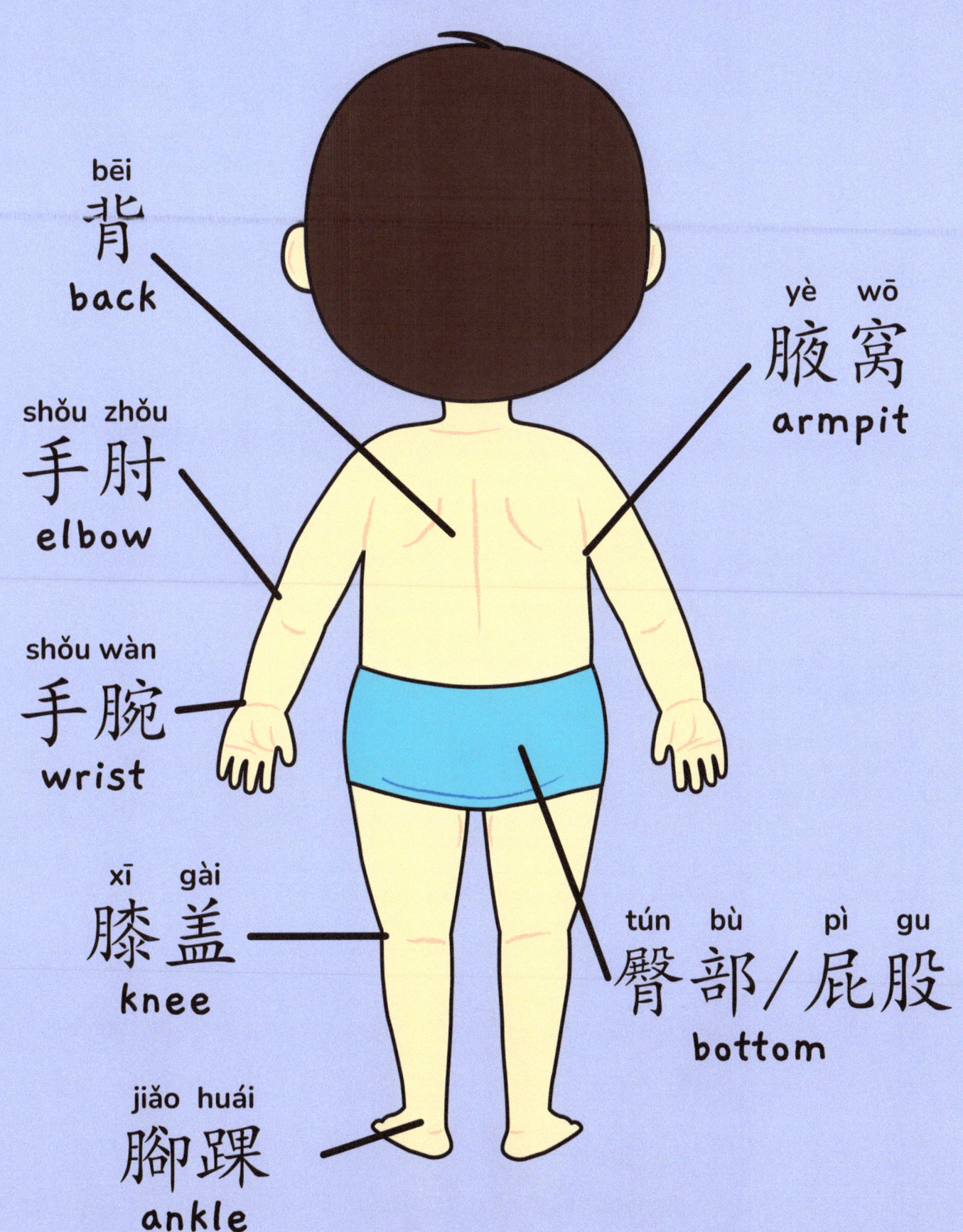

qíng gǎn
情感　FEELINGS

wǒ jué de　　　　　wǒ gǎn dào
我觉得……　　我感到……

I feel...

kāi xīn　gāo xìng
开心/高兴
happy

mǎn zú
满足
satisfied

shǎ
傻
silly

jiāo ào　zì háo
骄傲/自豪
proud

xīng fèn
兴奋
excited

píng jìng
平静
calm

jīng yà
惊讶
surprised

wú liáo
无聊
bored

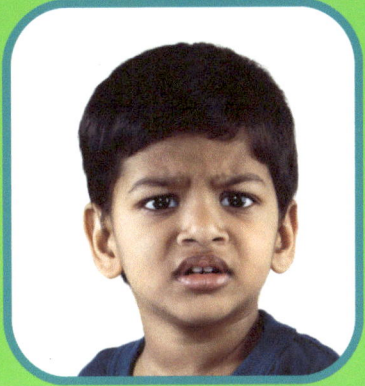
kùn huò
困惑
confused

jǐn zhāng
紧张
nervous

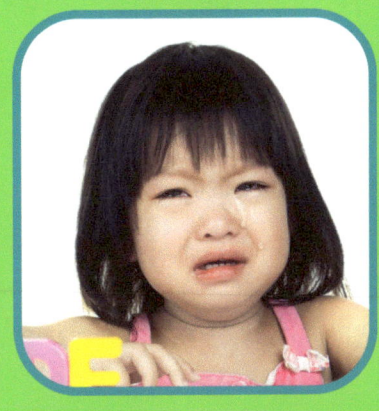
shāng xīn　nán guò
伤心/难过
sad

shēng qì　fèn nù
生气/愤怒
angry

hài pà
害怕
scared

shī wàng
失望
disappointed

gān gà
尴尬
embarrassed

29

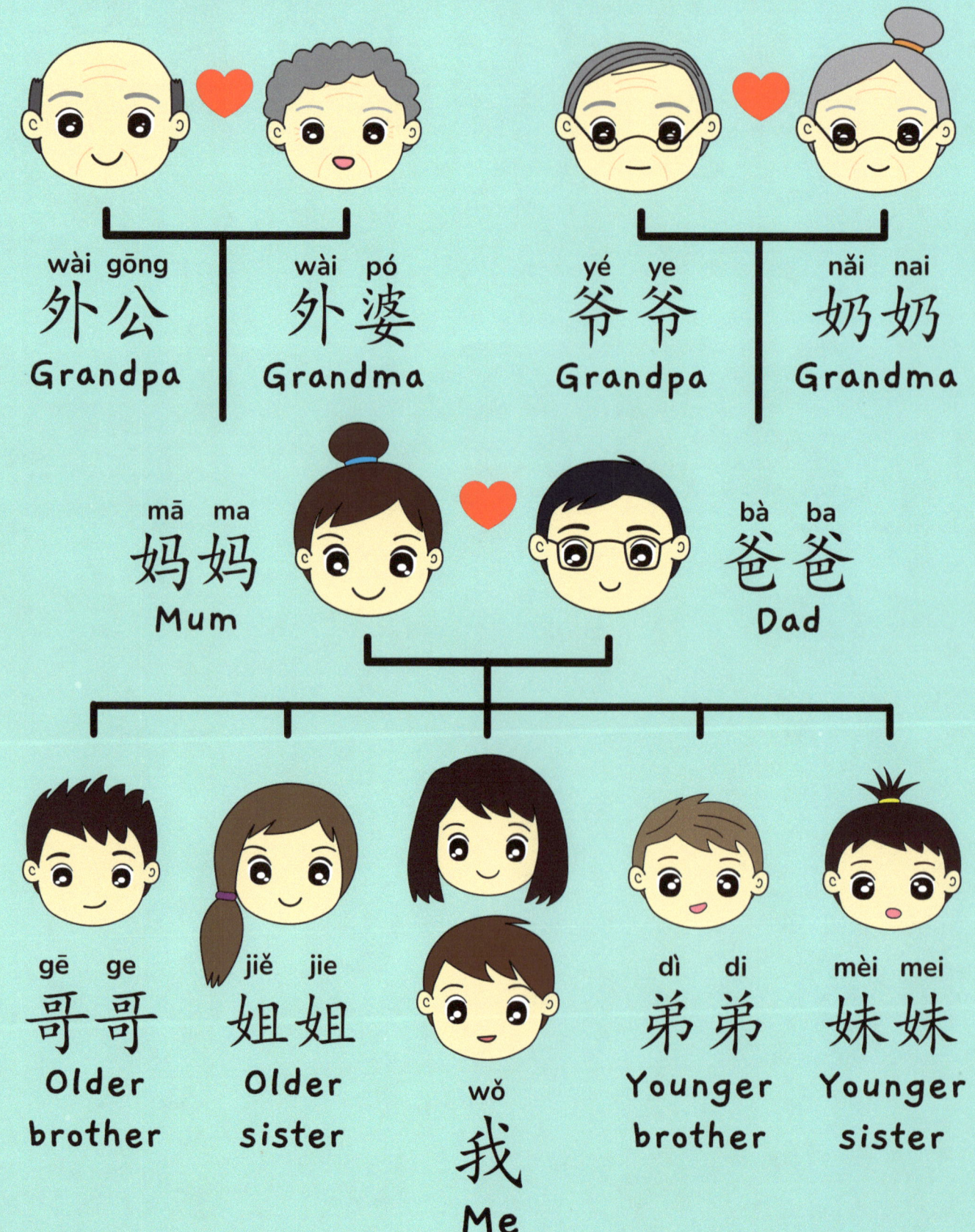

wài gōng 外公 Grandpa
wài pó 外婆 Grandma

OLDER THAN MUM | YOUNGER THAN MUM

jiù jiu 舅舅 Uncle (mum's older brother)
yí mā 姨妈 Aunt (mum's older sister)
jiù jiu 舅舅 Uncle (mum's younger brother)
xiǎo yí 小姨 Aunt (mum's younger sister)

jiù mā 舅妈 Aunt
yí fu 姨父 Uncle
jiù mā 舅妈 Aunt
yí fu 姨父 Uncle

All cousins are called...

biǎo gē 表哥 Older male cousin
biǎo jiě 表姐 Older female cousin
biǎo dì 表弟 Younger male cousin
biǎo mèi 表妹 Younger female cousin

MUM'S SIDE

mā ma 妈妈 Mum

RED = relation through marriage

31

yé ye
爷爷
Grandpa
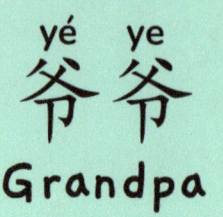

OLDER THAN DAD

bó bo
伯伯
Uncle (dad's older brother)

bó mǔ
伯母
Aunt

gū mā
姑妈
Aunt (dad's older sister)

gū fu
姑父
Uncle

táng gē
堂哥
Older male cousin

táng jiě
堂姐
Older female cousin

biǎo gē
表哥
Older male cousin

biǎo jiě
表姐
Older female cousin

táng dì
堂弟
Younger male cousin

táng mèi
堂妹
Younger female cousin

biǎo dì
表弟
Younger male cousin

biǎo mèi
表妹
Younger female cousin

bà ba
爸爸
Dad

32

nǎi nai
奶奶
Grandma

DAD'S SIDE

YOUNGER THAN DAD

shú shu
叔叔
Uncle (dad's younger brother)

shěn shen
婶婶
Aunt

gū gu
姑姑
Aunt (dad's younger sister)

gū fu
姑父
Uncle

táng gē
堂哥
Older male cousin

táng jiě
堂姐
Older female cousin

táng dì
堂弟
Younger male cousin

táng mèi
堂妹
Younger female cousin

biǎo gē
表哥
Older male cousin

biǎo jiě
表姐
Older female cousin

biǎo dì
表弟
Younger male cousin

biǎo mèi
表妹
Younger female cousin

N.B. There are variations in the naming of relatives depending on dialect and geographic location.

BLUE = cousins

33

dòng wù 动物   ANIMALS

gǒu 狗 dog   **māo** 猫 cat   **tù zi** 兔子 rabbit

niǎo 鸟 bird   **wū guī** 乌龟 tortoise   **qīng wā** 青蛙 frog

niú
牛
cow

lǎo shǔ
老鼠
mouse

mǎ
马
horse

gōng jī
公鸡
rooster

mǔ jī
母鸡
hen

xiǎo jī
小鸡
chick

lǘ
驴
donkey

yā zi
鸭子
duck

mián yáng
绵羊
sheep

zhū
猪
pig

kūn chóng 昆虫 INSECTS

jiǎ chóng
甲虫
beetle

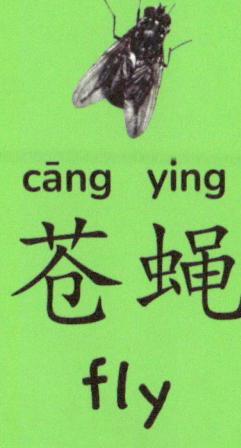
cāng ying
苍蝇
fly

mǎ yǐ
蚂蚁
ant

mì fēng
蜜蜂
bumblebee

máo mao chóng
毛毛虫
caterpillar

hú dié
蝴蝶
butterfly

zhī zhū
蜘蛛
spider

piáo chóng
瓢虫
ladybird

wén zi
蚊子
mosquito

37

hǎi yáng dòng wù
海洋动物
OCEAN LIFE

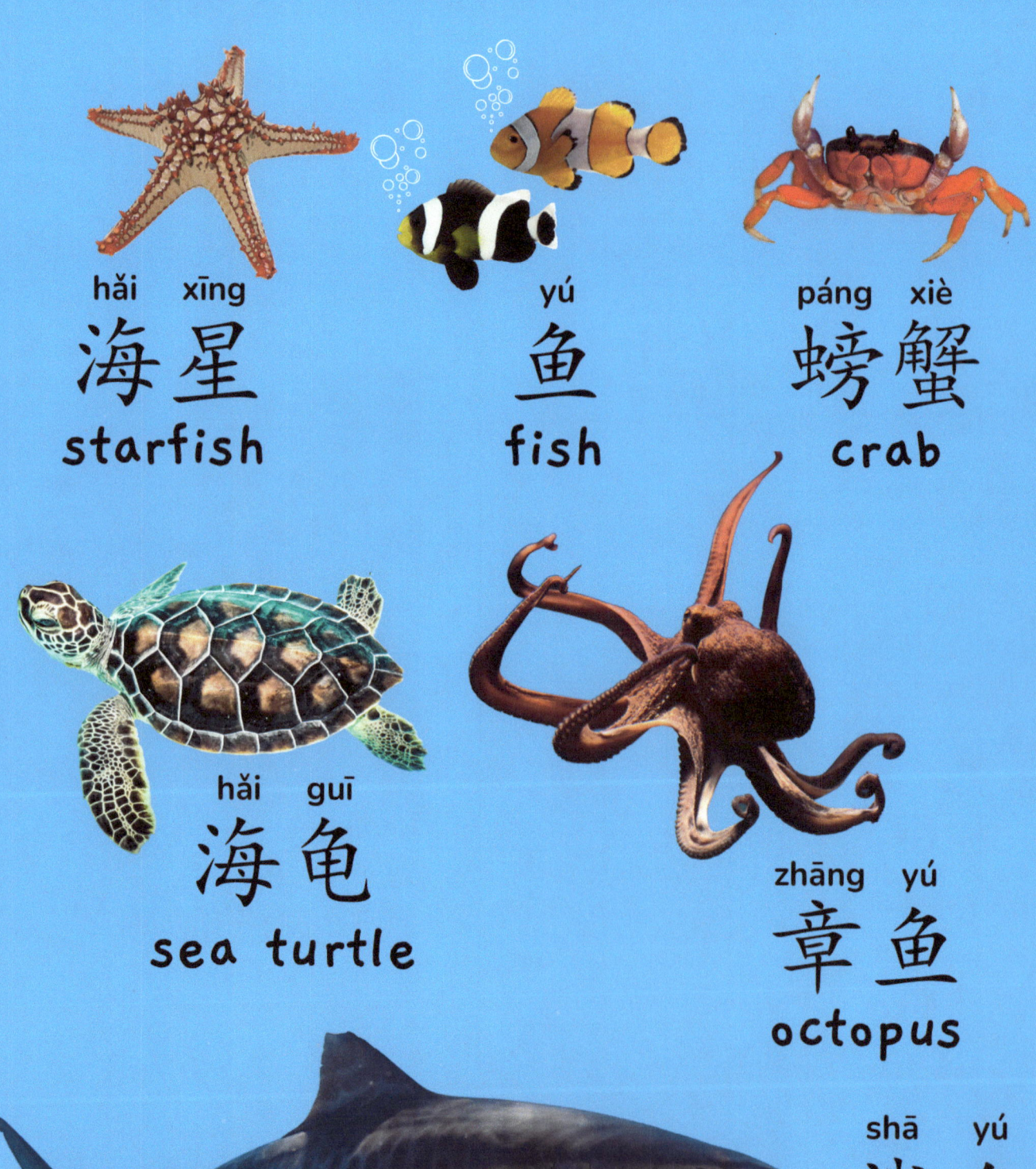

hǎi xīng
海星
starfish

yú
鱼
fish

páng xiè
螃蟹
crab

hǎi guī
海龟
sea turtle

zhāng yú
章鱼
octopus

shā yú
鲨鱼
shark

chē liàng
车辆
VEHICLES

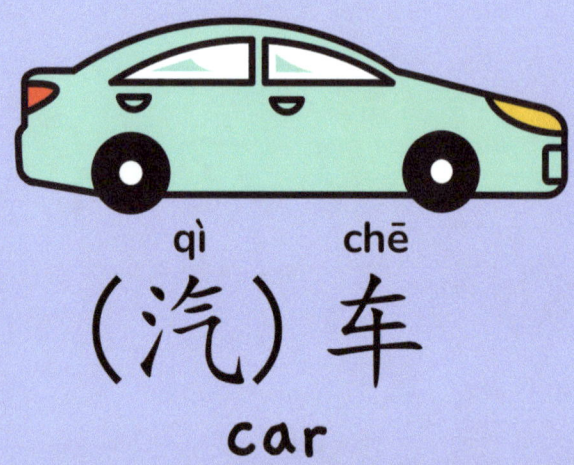

qì chē
(汽)车
car

miàn bāo chē
面包车
van

mó tuō chē
摩托车
motorcycle/moped

jiǎo tà chē
脚踏车
bicycle

huá bǎn chē
滑板车
scooter

huá bǎn
滑板
skateboard

sān lún chē
三轮车
tricycle

xiāo fáng chē
消防车
fire engine

jǐng chē
警车
police car

jiù hù chē
救护车
ambulance

huò chē   kǎ chē
货车/卡车
lorry/truck

yóu chē
邮车
mail van

lā jī chē
垃圾车
garbage truck

gōng gòng qì chē
公共汽车
bus

chū zū chē
出租车
taxi

diàn chē
电车
tram

huǒ chē
火车
train

dì tiě
地铁
metro
/subway

hǎi kōng yùn shū
海空运输

SEA & AIR TRANSPORT

rè qì qiú
热气球
hot air balloon

fēi jī
飞机
aeroplane

zhí shēng jī
直升机
helicopter

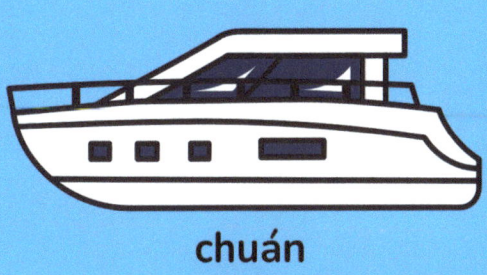

chuán
船
ship/boat

fān chuán
帆船
sailboat

qián shuǐ tǐng
潜水艇
submarine

shuǐ guǒ
水果   FRUIT

píng guǒ   xiāng jiāo   chéng zi
苹果   香蕉   橙子
apple   banana   orange

lí   mù guā   táo zi
梨   木瓜   桃子
pear   papaya   peach

hēi méi   fù pén zǐ   lán méi
黑莓   覆盆子   蓝莓
blackberries   raspberries   blueberries

bō luó
菠萝
pineapple

fèng lí
凤梨

xī guā
西瓜
watermelon

shí liu
石榴
pomegranate

xī yòu
西柚
grapefruit

máng guǒ
芒果
mango

cǎo méi
草莓
strawberries

pú tao
葡萄
grapes

yīng táo
樱桃
cherries

so1 coi3
蔬菜 VEGETABLES

huáng guā
黄瓜
cucumber

fān qié
番茄
tomato

xī hóng shì
西红柿

shēng cài
生菜
lettuce

yáng cōng
洋葱
onion

bō cài
菠菜
spinach

dēng long jiāo
灯笼椒
bell pepper

shì zi jiāo
柿子椒

hóng luó bo
红萝卜

hú luó bo
胡萝卜

carrot

qín cài
芹菜
celery

46

hóng cài tóu
红菜头
beetroot

huā cài
花菜
cauliflower

tǔ dòu
土豆
potato
mǎ líng shǔ
马铃薯

niú yóu guǒ
牛油果
avocado

xī hú lu
西葫芦
courgette
/zucchini

xī lán huā
西兰花
broccoli

là jiāo
辣椒
chilli pepper

mó gu
蘑菇
mushroom

cài xīn
菜心
choi sum

shí wù
食物　FOOD

lā miàn
拉面
ramen noodles

shòu sī
寿司
sushi

wū dōng miàn
乌冬面
udon noodles

chǎo fàn
炒饭
stir-fried rice

chǎo miàn
炒面
stir-fried noodles

kā li fàn
咖哩饭
curry rice

tāng
汤
soup

jiǎo zi
饺子
dumplings

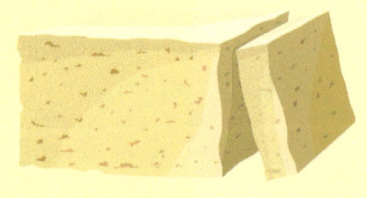
dòu fu
豆腐
tofu

jiān dàn juǎn
煎蛋卷
omelette

bǐ sà
比萨
pizza

yì dà lì miàn
意大利面
spaghetti

hàn bǎo bāo
汉堡(包)
hamburger

shǔ tiáo
薯条
chips/fries

mò xī gē juǎn bǐng
(墨西哥)卷饼
(Mexican) burrito

shā lā
沙拉
salad

sān míng zhì
三明治
sandwich

miàn bāo
面包
bread

yī fu 衣服 — CLOTHES

xū
T恤
T-shirt

máo yī
毛衣
sweater/jumper

duǎn kù
短裤
shorts

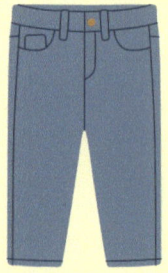
kù zi
裤子
trousers

qún zi
裙子
skirt/dress

lián yī qún
连衣裙
dress

wài tào
外套
coat

dà yī
大衣

shuì yī
睡衣
pajamas

nèi yī
内衣
underwear

nèi kù
内裤
underpants

wéi jīn
围巾
scarf

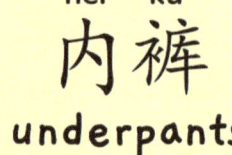
wà zi
袜子
socks

xié zi
鞋子
shoes

mào zi
帽子
hat

PINYIN TONES

Pinyin 拼音, or Hanyu Pinyin 汉语拼音, is the most common Romanisation system for Mandarin Chinese. It spells Mandarin Chinese words phonetically using the Latin alphabet and is a useful tool for helping to learn the correct pronunciation of words in Mandarin. Each Mandarin syllable has **one initial** followed by **one final** (with some exceptions, such as the special syllable 'er').

There are also four basic tones in Mandarin that are denoted in Pinyin by the use of accent marks (diacritics). As Mandarin is a tonal language, changing the tone changes the meaning of the word, so learning and using the correct tonal inflection is a fundamental part of learning the language.

The four basic tones are:

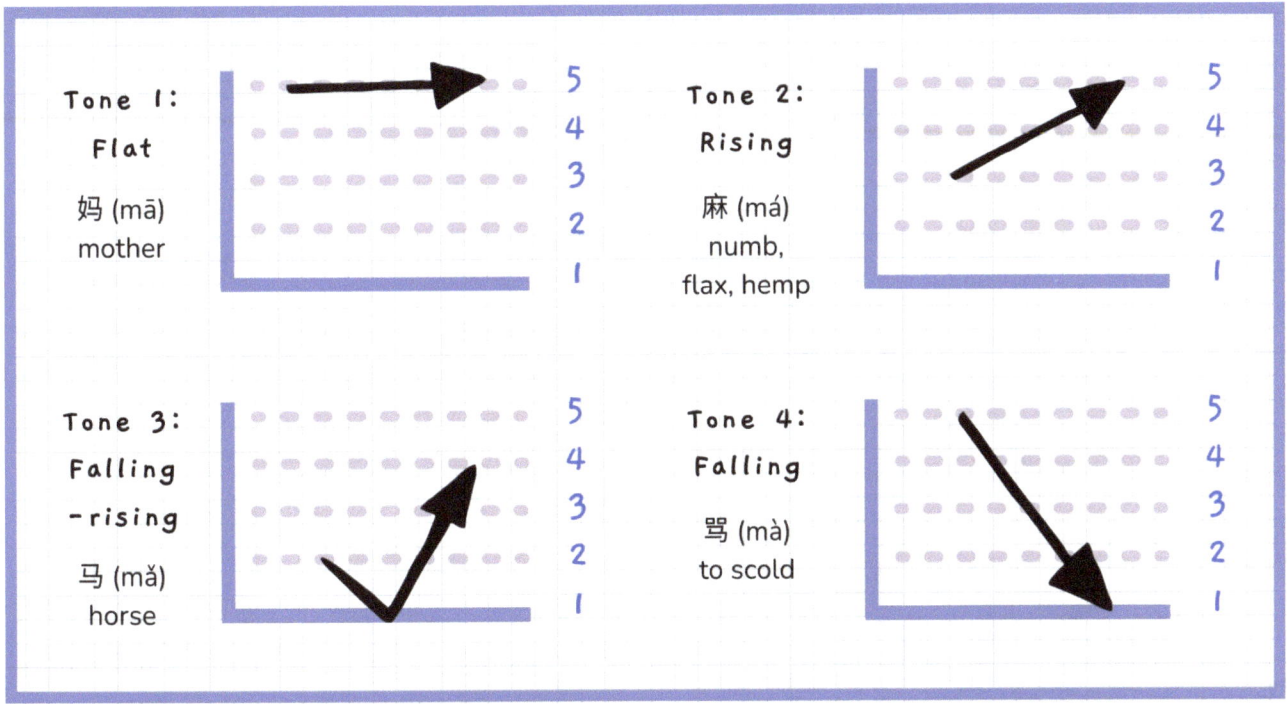

You will note that some words in this book do not have an accent and are spoken in a neutral tone, sometimes called tone 5. Examples of this include:
- Reduplicated nouns (such as 姐姐(jiě jie) older sister, 爸爸(bà ba) father)
- Reduplicated verbs or adjectives (such as 看看(kàn kan) take a look at)
- Words ending with 子(zi), 头(tou) or 们(men) (such as 饺子(jiǎo zi) dumpling)
- Particles such as 的(de), 地(de), 得(de), 着(zhe), 了(le), 过(guo), 吧(ba), 嘛(ma), 呢(ne) or 啊(a)

QR CODES

Scan the codes below with any QR code scanner to listen to audio pronunciations of the vocabulary.

Scan here to listen online

Scan here to download the vocabulary by chapter

Other books available:

Thank you for purchasing this book!

If you found this book useful, a review would be much appreciated.

www.ingramcontent.com/pod-product-compliance
Lightning Source LLC
Chambersburg PA
CBHW041708160426
43209CB00017B/1775